PLANETA ANIMAL

LA TORTUGA

POR KATE RIGGS

CREATIVE EDUCATION • CREATIVE PAPERBACKS

Publicado por Creative Education
y Creative Paperbacks
P.O. Box 227, Mankato, Minnesota 56002
Creative Education y Creative Paperbacks son marcas
editoriales de The Creative Company
www.thecreativecompany.us

Diseño de The Design Lab
Producción de Chelsey Luther, Rachel Klimpel, y Mike
Sellner
Editado de Alissa Thielges
Dirección de arte de Rita Marshall
Traducción de TRAVOD, www.travod.com

Fotografías de 123RF (EcoSnap), Alamy (Natural History
Archive, Nature Picture Library, petographer), Minden
Pictures (Tui De Roy), Science Source (Nigel J. Dennis),
Shutterstock (EcoPrint, fivespots, JI de Wet, Lutsenko_
Oleksandr, Tobie Oosthuizen), Superstock (Gerard Lacz /
age fotostock, Minden Pictures)

Library of Congress Cataloging-in-Publication Data
Names: Riggs, Kate, author.
Title: La tortuga / by Kate Riggs.
Other titles: Tortoises. Spanish
Description: Mankato, Minnesota: Creative Education and
Creative Paperbacks, [2023] | Series: Planeta animal
| Includes index. | Audience: Ages 6–9 | Audience:
Grades 2–3
Identifiers: LCCN 2021061158 (print) | LCCN
2021061159 (ebook) | ISBN 9781640266834 (library
binding) | ISBN 9781682772393 (paperback) | ISBN
9781640008243 (ebook)
Subjects: LCSH: Testudinidae—Juvenile literature.
Classification: LCC QL666.C584 R54418 2023 | DDC
597.92/4-dc23/eng/20211223
LC record available at https://lccn.loc.gov/2021061158
LC ebook record available at https://lccn.loc.
gov/2021061159

Tabla de contenidos

*La tortuga leopardo
vive en África oriental
y meridional.*

La tortuga es un **reptil** que tiene un caparazón en el lomo. Hay alrededor de 50 tipos de tortugas. Las tortugas viven en lugares cálidos y secos. Muchas tortugas viven en África, India y el sudeste de Asia.

reptil animal que tiene escamas y un cuerpo que siempre está tan cálido o frío como el aire que lo rodea

El caparazón de la tortuga es abovedado o redondeado. Está adherido al cuerpo de la tortuga. La parte superior del caparazón es dura. La parte inferior del caparazón es más blanda. Las tortugas se mueven lentamente porque sus caparazones son pesados.

Los pájaros ayudan a las tortugas ya que se comen las plagas de sus cuerpos.

La tortuga gigante de Galápagos (opuesto) es la especie más grande.

¡**Algunas** tortugas pesan hasta 500 libras (227 kg)! Otras pesan menos de seis onzas (170 g). Eso es aproximadamente el peso de un disco de hockey. Las tortugas más grandes son de las **Islas Galápagos**.

Islas Galápagos un grupo de islas que se encuentran en el Océano Pacífico cerca del país Ecuador

Las tortugas son animales terrestres. Tienen patas fuertes. Las tortugas usan sus patas y garras delanteras para cavar. Cavan hoyos y túneles. Las tortugas hembras cavan nidos para poner sus huevos.

Las tortugas del desierto viven bajo tierra en agujeros llamados madrigueras.

Las tortugas comen muchas plantas como hierba y flores. No cazan insectos ni gusanos. Pero las tortugas se comen a esas pequeñas criaturas si las encuentran.

Las tortugas usan los bordes de la boca para agarrar comida.

El diente de huevo de una cría se cae en unas pocas semanas o meses.

Una tortuga madre pone huevos en un nido cálido. De 3 a 30 huevos **eclosionan** a la vez. Los recién nacidos se llaman crías. Las crías rompen sus huevos usando un **diente de huevo**. Las tortugas bebés se crían sin su madre. Tienen que buscar comida y cuidarse solas.

diente de huevo es un diente que se usa solo para romper la cáscara del huevo

eclosionar salir de un huevo

Las tortugas viven solas. Están en silencio la mayor parte del tiempo. Las tortugas más pequeñas pueden vivir por 25 o 50 años en la naturaleza. ¡Las tortugas más grandes pueden vivir hasta 150 años!

Esta tortuga vive en una isla con volcanes.

Las tortugas se calientan al sol. Buscan comida durante el día. Y duermen por la noche. Las tortugas buscan lugares con sombra cuando hace demasiado sol.

Las tortugas leopardo viven en pastizales donde hay mucha comida.

Solo cuatro tipos de tortugas viven en América del Norte. Algunas personas van a Asia para aprender sobre las tortugas. Muchos van a los zoológicos para ver a las grandes tortugas. Es posible que estos lentos reptiles tarden mucho en hacer un movimiento.

Las tortugas abren la boca y se enfrentan entre sí cuando están enojadas.

Un cuento de tortugas

Un hombre llamado Esopo contó una historia sobre una tortuga lenta que ganó una carrera. Un día, una liebre quiso competir con una tortuga. La liebre podía correr rápidamente. Sabía que la tortuga era lenta. La liebre pensó que podía vencer a la tortuga sin siquiera intentarlo. Así que se echó a dormir una siesta. ¡La tortuga siguió caminando y ganó la carrera!

Índice